sekolahan - school	2
perjalanan - reis	5
angkutan - transport	8
kutha - stad	10
lanskap - landschap	14
restoran - restaurant	17
supermarket - supermarkt	20
ombenan - drankjes	22
panganan - eten	23
kebon - boerderij	27
omah - huis	31
ruang tamu - woonkamer	33
pawon - keuken	35
jedhing - badkamer	38
kamar anak - kinderkamer	42
klambi - kleding	44
kantor - kantoor	49
ekonomi - economie	51
gawean - beroepen	53
alat - werktuigen	56
alat musik - muziekinstrumenten	57
kebon kewan - zoo	59
olahraga - sporten	62
kegiatan - activiteiten	63
keluarga - familie	67
awak - lichaam	68
griya sakit - ziekenhuis	72
dharurat - noodgeval	76
bumi - aarde	77
jam - klok	79
minggu - week	80
tahun - jaar	81
wangun - vormen	83
warna - kleuren	84
kontras - tegengestelden	85
angka - cijfers	88
basa-basa - Talen	90
sapa / apa / piye - wie / wat / hoe	91
neng endi - waar	92

Impressum
Verlag: BABADADA GmbH, Nedderfeld 112 , 22529 Hamburg
Geschäftsführer / Verlagsleitung: Harald Hof
Druck: Books on Demand GmbH, In de Tarpen 42, 22848 Norderstedt

Imprint
Publisher: BABADADA GmbH, Nedderfeld 112 , 22529 Hamburg, Germany
Managing Director / Publishing direction: Harald Hof
Print: Books on Demand GmbH, In de Tarpen 42, 22848 Norderstedt

sekolahan

school

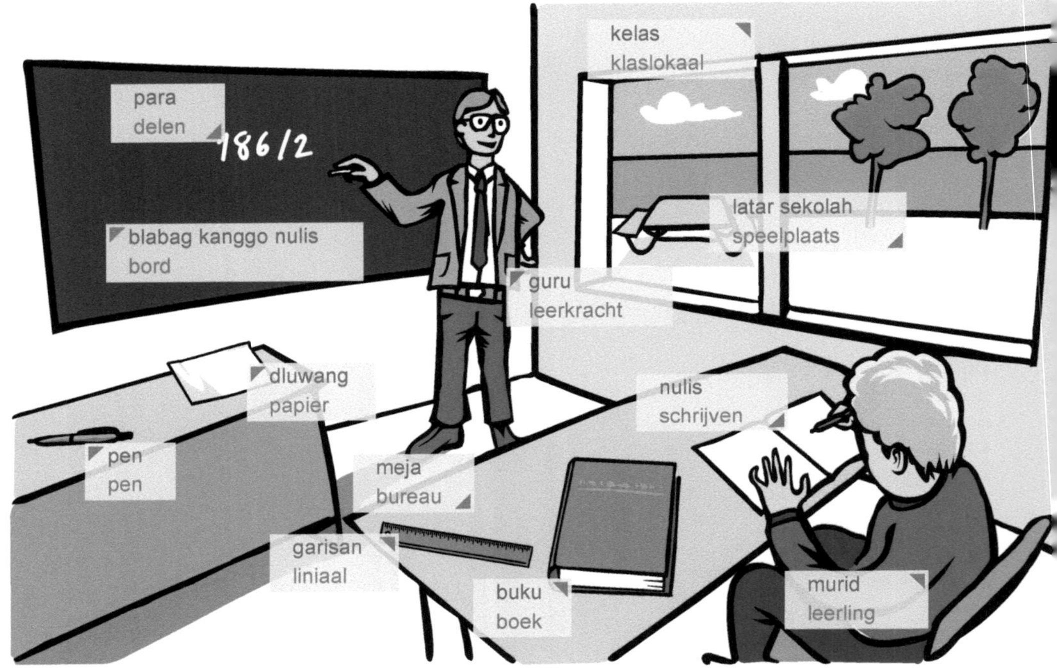

kelas
klaslokaal
para
delen
186/2
blabag kanggo nulis
bord
latar sekolah
speelplaats
guru
leerkracht
dluwang
papier
nulis
schrijven
pen
pen
meja
bureau
garisan
liniaal
buku
boek
murid
leerling

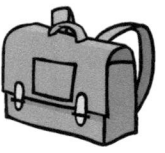

tas sekolah

schooltas

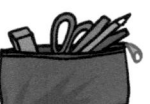

tepak potlot

pennenzak

potlot

potlood

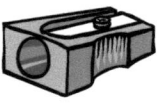

orotan potlot

puntenslijper

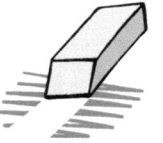

setip

gom

lemek nggambar

tekenblok

gambar

tekening

kuwas

verfborstel

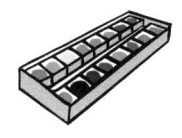

tepak cat nggambar

verfdoos

gunting

schaar

lem

lijm

buku latihan soal

werkboek

pakaryan omah

huiswerk

angka

nummer

2+2

tambah

optellen

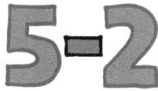

suda

aftrekken

ping

vermenigvuldigen

itung

rekenen

aksara

letter

abjad

alfabet

tembung

woord

teks

tekst

maca

Lezen

kapur

krijt

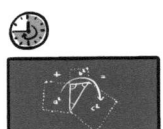

wulangan

les

dhaptar

klassenboek

ujian

examen

sertipikat

certificaat

sragam sekolah

schooluniform

pendhidhikan

onderwijs

ensiklopedia

encyclopedie

universitas

universiteit

mikroskop

microscoop

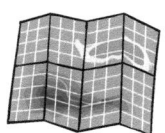

peta

kaart

kranjang larahan

papiermand

perjalanan

reis

hotel
hotel
Grand
hostel
jeugdherberg
ROOMS
pertukaran duit mancanegara
antoor
EXCHANGE
koper
koffer
mobil
auto

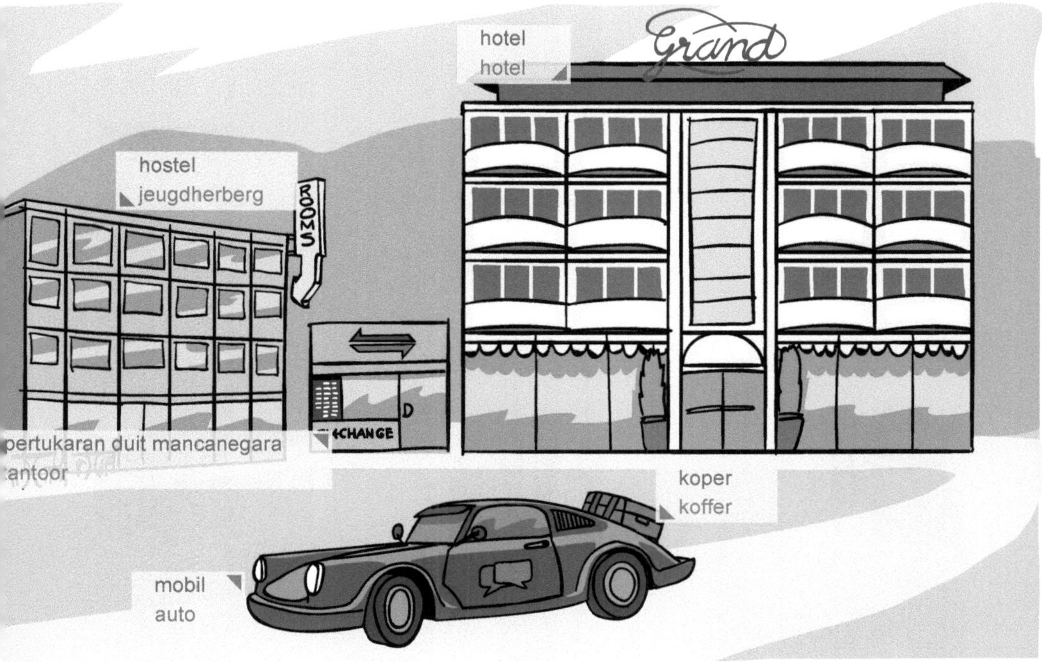

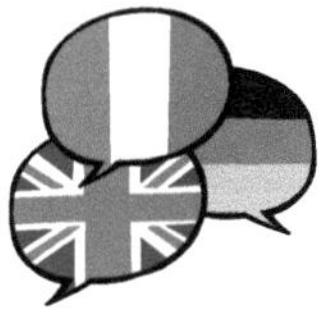

basa

Taal

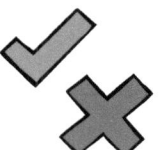

iya / ora

ja / nee

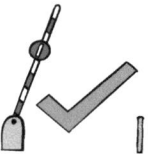

oke

oké

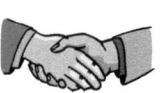

halo

hallo

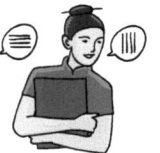

juru basa

vertaler

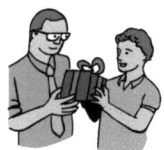

matur nuwun

bedankt

Piro regane ...?

Hoeveel kost ...?

aku ora ngerti

Ik begrijp het niet

masalah

probleem

Sugeng dalu!

Goedenavond!

Sugeng enjang

Goedemorgen!

Sugeng dalu!

Goedenavond!

pareng

Tot ziens

arah

richting

koper

bagage

tas

zak

ransel

rugzak

tamu

gast

kamar

kamer

kantong turu

slaapzak

tenda

tent

informasi turis

toeristeninformatie

pantai

strand

kertu kredit

kredietkaart

sarapan

ontbijt

mangan awan

lunch

mangan ing wayah bengi

avondeten

tiket

ticket

lift

lift

perangko

postzegel

watesan

grens

cukai

douane

kedutaan

ambassade

visa

visum

paspor

paspoort

angkutan
transport

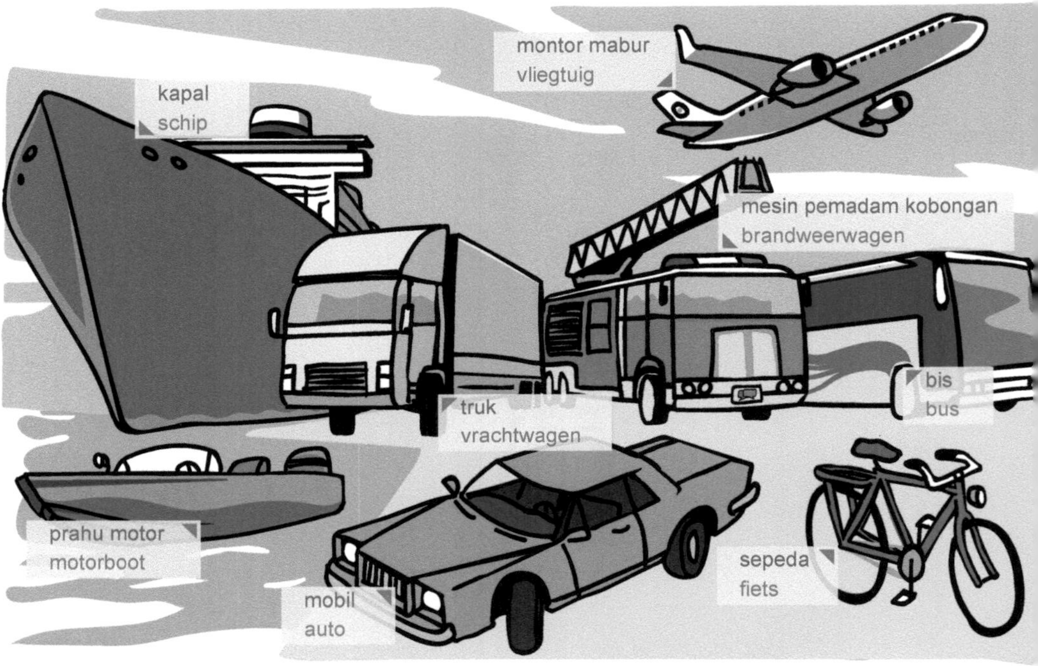

montor mabur
vliegtuig
kapal
schip
mesin pemadam kobongan
brandweerwagen
bis
bus
truk
vrachtwagen
prahu motor
motorboot
sepeda
fiets
mobil
auto

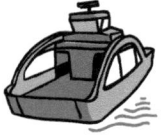

feri
veerboot

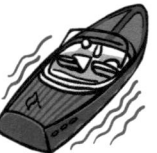

perahu
boot

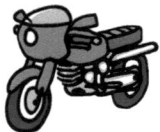

sepeda motor
motor

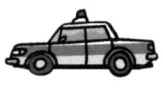

mobil polisi
politiewagen

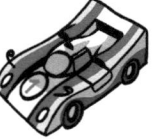

mobil balapan
racewagen

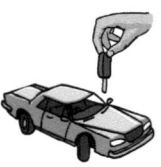

mobil sewa
huurauto

sewa mobil

carpoolen

truk derek

sleepwagen

truk resek

vuilniswagen

motor

motor

bensin

benzine

pom bensin

benzinestation

tanda dalan

verkeersbord

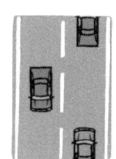

lalu lintas

verkeer

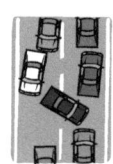

macet

file

parkir mobil

parkeerplaats

stasiun sepur

station

ril sepur

sporen

sepur

trein

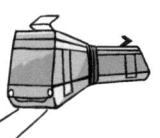

tram

tram

grobak

wagon

helikopter
helikopter

lapangan montor mabur
luchthaven

menara
toren

penumpang
passagier

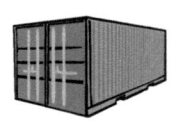

kontener
container

kerdhus
karton

troli
kar

kranjang
mand

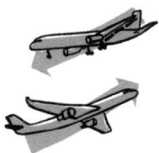

mabur / ndarat
opstijgen / landen

kutha
stad

desa
dorp

tengah kutha
stadscentrum

omah
huis

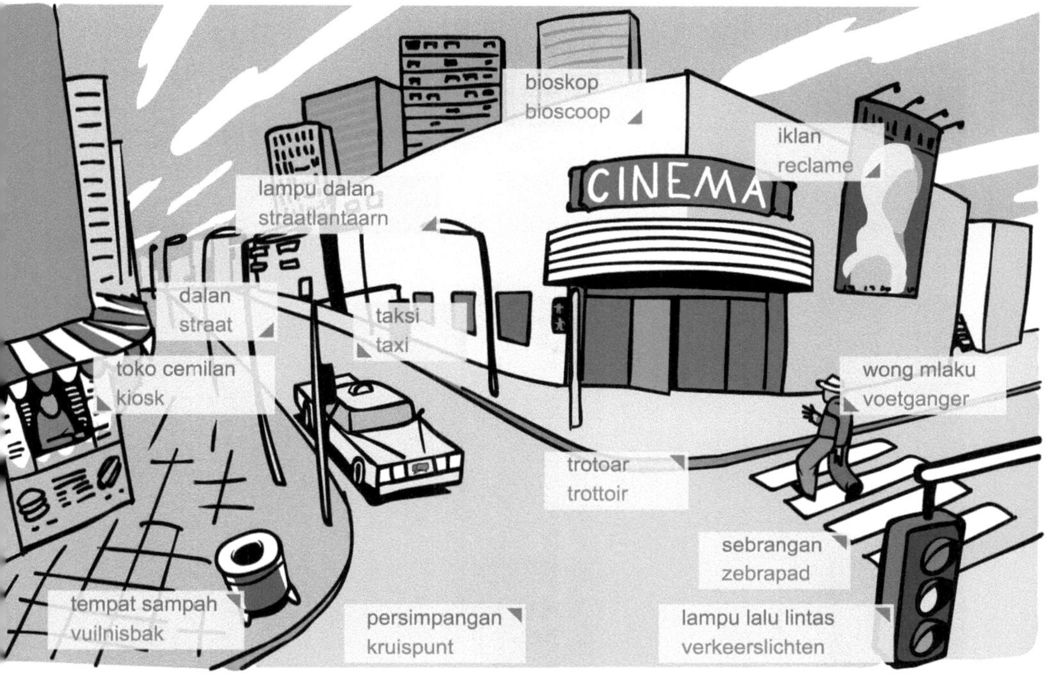

bioskop / bioscoop

iklan / reclame

lampu dalan / straatlantaarn

dalan / straat

taksi / taxi

toko cemilan / kiosk

wong mlaku / voetganger

trotoar / trottoir

sebrangan / zebrapad

tempat sampah / vuilnisbak

persimpangan / kruispunt

lampu lalu lintas / verkeerslichten

gubuk

hut

apartemen

woning

stasiun sepur

station

bale kutha

stadshuis

museum

museum

sekolahan

school

universitas

universiteit

bank

bank

griya sakit

ziekenhuis

hotel

hotel

apotek

apotheek

kantor

kantoor

toko buku

boekwinkel

toko

winkel

toko kembang

bloemenwinkel

supermarket

supermarkt

pasar

markt

toko sarwa ana

warenhuis

toko iwak

vishandelaar

mal

winkelcentrum

pelabuhan

haven

taman

park

bangku

bank

tretek

brug

andha

trap

metro

metro

trowongan

tunnel

halte bis

bushalte

bar

bar

restoran

restaurant

kotak surat

brievenbus

pratandha dalan

straatnaambord

meteran parkir

parkeermeter

kebon kewan

zoo

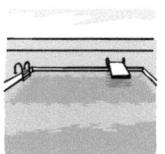

kolam renang

zwembad

masjid

moskee

kebon
boerderij

polusi
milieuverontreiniging

kuburan
kerkhof

greja
kerk

panggon dolanan
speelplaats

candi
tempel

lanskap
landschap

godong
blad

plang
wegwijzer

dalan
weg

beran
weide

watu
steen

wong munggah
wandelaar

uwit
boom

kali
rivier

suket
gras

kembang
bloem

lembah
vallei

bukit
heuvel

tlogo
meer

alas
bos

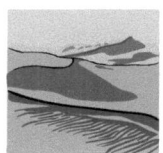

ara-ara
woestijn

gunung geni
vulkaan

keraton
kasteel

kluwung
regenboog

jamur
paddenstoel

uwit palem
palmboom

lemut
mug

laler
vlieg

semut
mier

tawon
bijl

angga-angga
spin

kumbang

kever

kodok

kikker

bajing

eekhoorn

landhak

egel

truwelu

haas

manuk dares

uil

manut

vogel

banyak

zwaan

celeng

wild zwijn

kidang

hert

menjangan

eland

bendungan

dam

turbin angin

windturbine

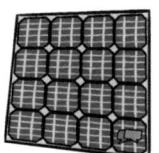

panel srengenge

zonnepaneel

iklim

klimaat

restoran

restaurant

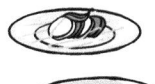

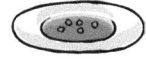

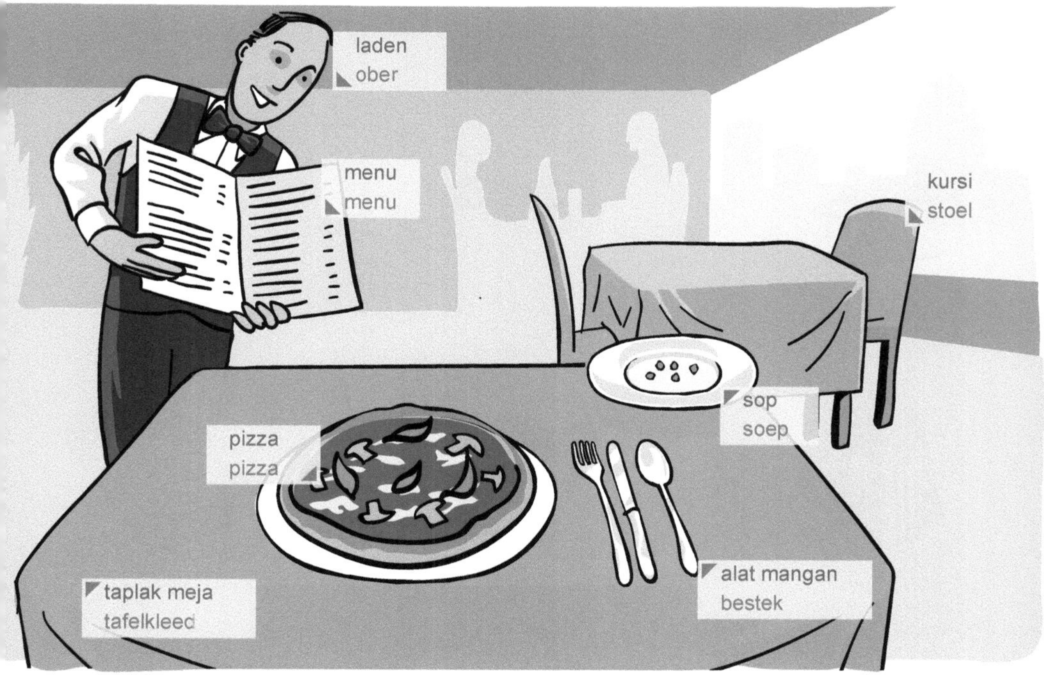

laden
ober
menu
menu
kursi
stoel
sop
soep
pizza
pizza
alat mangan
bestek
taplak meja
tafelkleed

hidangan pambuka

voorgerecht

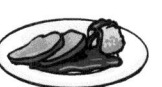

menu utama

hoofdgerecht

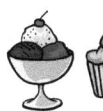

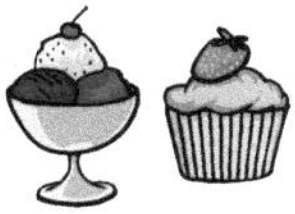

hidangan penutup

nagerecht

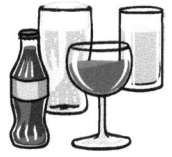

ombenan

drankjes

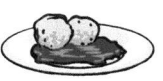

panganan

eten

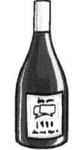

gendul

fles

panganan instan

fastfood

jajan cemilan

street food

ceret teh

theepot

kaleng gula

suikerpot

porsi

portie

mesin espresso

espressomachine

kursi duwur

kinderstoel

tagihan

rekening

baki

dienblad

lading

mes

sendok garpu

vork

sendok

lepel

sendok teh

theelepel

serbet

serviette

gelas

glas

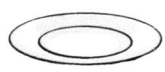

piring
bord

piring sop
soepbord

lepek
schoteltje

duduh
saus

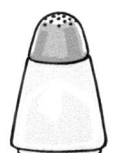

gendul uyah
zoutvatje

bubuk mrico
pepermolen

cuka
azijn

lenga
olie

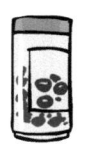

bumbon
kruiden

saos tomat
ketchup

mustar
mosterd

mayones
mayonaise

supermarket
supermarkt

tawaran khusus
aanbieding
FOR
langganan
klant
produk saka susu
zuivelproducten
woh-wohan
fruit
troli
winkelwagen

BUTCHERS

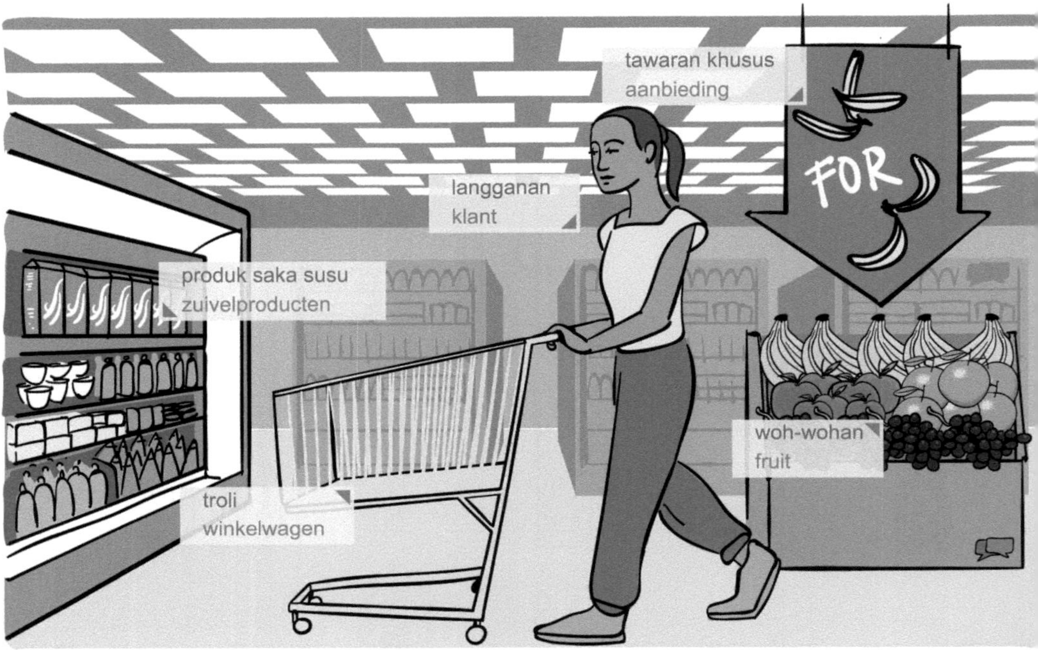

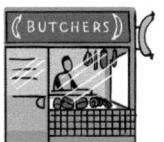

toko daging

slagerij

BAKERY

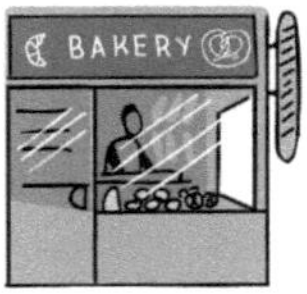

toko roti

bakkerij

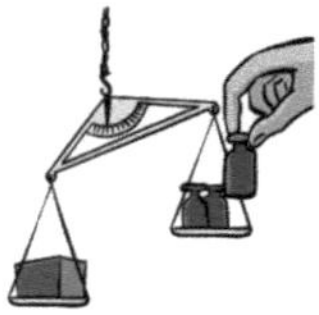

nimbang

wegen

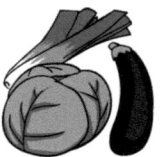

janganan

groenten

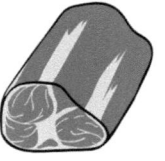

daging panggang

vlees

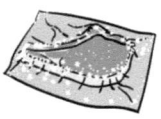

panganan beku

diepvriesvoedsel

irisan daging

charcuterie

panganan kaleng

conserven

deterjen

waspoeder

permen

snoep

produk reresik omah

huishoudproducten

produk reresik

schoonmaakproducten

bakul

verkoopster

mesin kasir

kassa

kasir

kassier

daftar blanja

boodschappenlijstje

jam buka

openingstijden

dompet

portefeuille

kertu kredit

kredietkaart

tas

tas

tas kresek

plastieken zakje

banyu

water

jus

sap

susu

melk

ombenan kanthi karbon

cola

anggur

wijn

bir

bier

alkohol

alcohol

coklat

cacao

teh

thee

kopi

koffie

espresso

espresso

cappuccino

cappuccino

gedhang

banaan

apel

appel

jeruk

sinaasappel

semangka

meloen

jeruk lemon

citroen

wortel

wortel

bawang

knoflook

pring

bamboe

bawang

ajuin

jamur

champignon

kacang

noten

bakmi

noodles

spageti

spaghetti

sego

rijst

salad

salade

kentang goreng

frieten

kentang goreng

gebakken aardappelen

pizza

pizza

hamburger

hamburger

roti isi

sandwich

daging irisan

kalfslapje

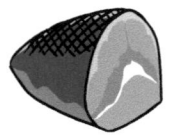

daging ham

ham

salami

salami

sosis

worst

pitik

kip

daging panggang

braden

iwak

vis

bubur gandum

havervlokken

muesli

muesli

sereal jagung

cornflakes

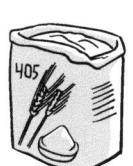

glepung

bloem

croissant

croissant

roti

pistolet

roti

brood

roti panggang

toast

biskuit

koekjes

mertega

boter

dadih

kwark

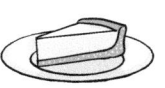

kue

taart

endog

ei

endog goreng

spiegelei

keju

kaas

es krim
ijs

gula
suiker

madu
honing

sele
confituur

krim nugat
choco

kare
curry

omah tani
boerderij

bal kawul
strobaal

lumbung
schuur

sawah
veld

jaran
paard

karavan
aanhangwagen

belo
veulen

traktor
tractor

keledai
ezel

wedhus
schaap

domba
lam

wedhus
geit

sapi
koe

pedhet
kalf

babi
varken

gambluk
biggetje

kebo
stier

banyak

gans

bebek

eend

kuthuk

kuiken

babon

kip

jago

haan

tikus

rat

kucing

kat

tikus

muis

sapi

os

asu

hond

kandang asu

hondenhok

selang

tuinslang

gembor

gieter

arit gede

zeis

waluku

ploeg

arit gede
sikkel

pacul
schoffel

garu
hooivork

kapak
bijl

grobak surung
kruiwagen

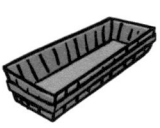

wadah pakan
trog

kaleng susu
melkkan

karung
zak

pager
hek

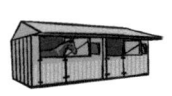

kandang
stal

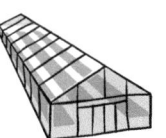

omah kaca
broeikas

lemah
bodem

wiji
zaad

rabuk
mest

traktor panen
maaidorser

manen
oogsten

panen
oogst

ubi
yam

gandum
tarwe

kedelai
soja

kentang
aardappel

jagung
maïs

lobak
koolzaad

wit woh-wohan
fruitboom

telo
maniok

sereal
graan

omah
huis

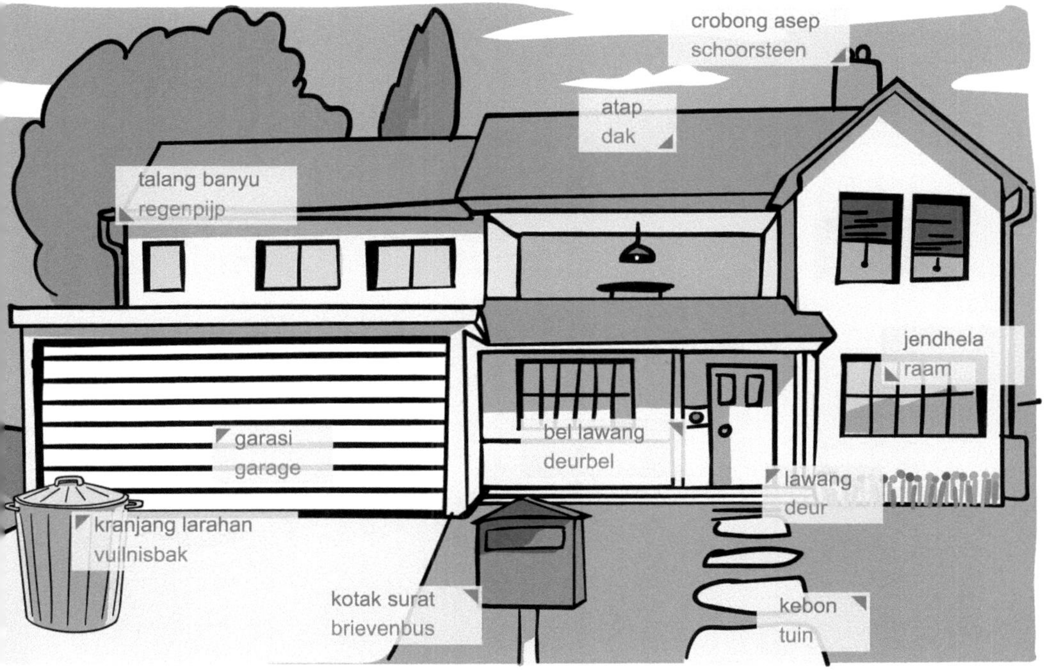
crobong asep
schoorsteen
atap
dak
talang banyu
regenpijp
jendhela
raam
garasi
garage
bel lawang
deurbel
lawang
deur
kranjang larahan
vuilnisbak
kotak surat
brievenbus
kebon
tuin

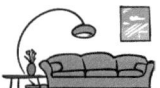

ruang tamu

woonkamer

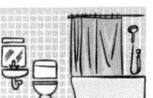

jedhing

badkamer

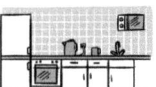

pawon

keuken

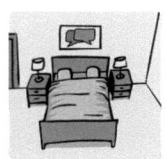

kamar turu

slaapkamer

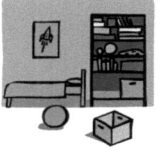

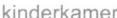

kamar anak

kinderkamer

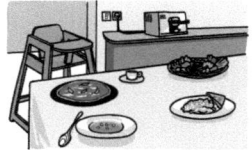

kamar panedhaan

eetkamer

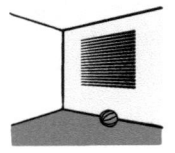

jobin

vloer

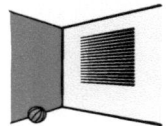

tembok

muur

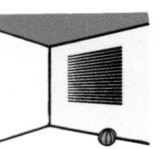

pyan

plafond

gudhang ing njero lemah

kelder

sauna

sauna

balkon

balkon

teras

terras

blumbang kanggo nglangi

zwembad

mesin kanggo motong suket

grasmaaier

lembaran

dekbedovertrek

sprei

dekbed

dipan

bed

sapu

bezem

ember

emmer

tombol

schakelaar

ruang tamu
woonkamer

kertas tembok
behangpapier
gambar
foto
lampu
lamp
rak
schap
lemari
kast
TV
televisie
perapian
open haard
kembang
bloem
bantal
kussen
sofa
sofa
vas
vaas
remot kontrol
afstandsbediening

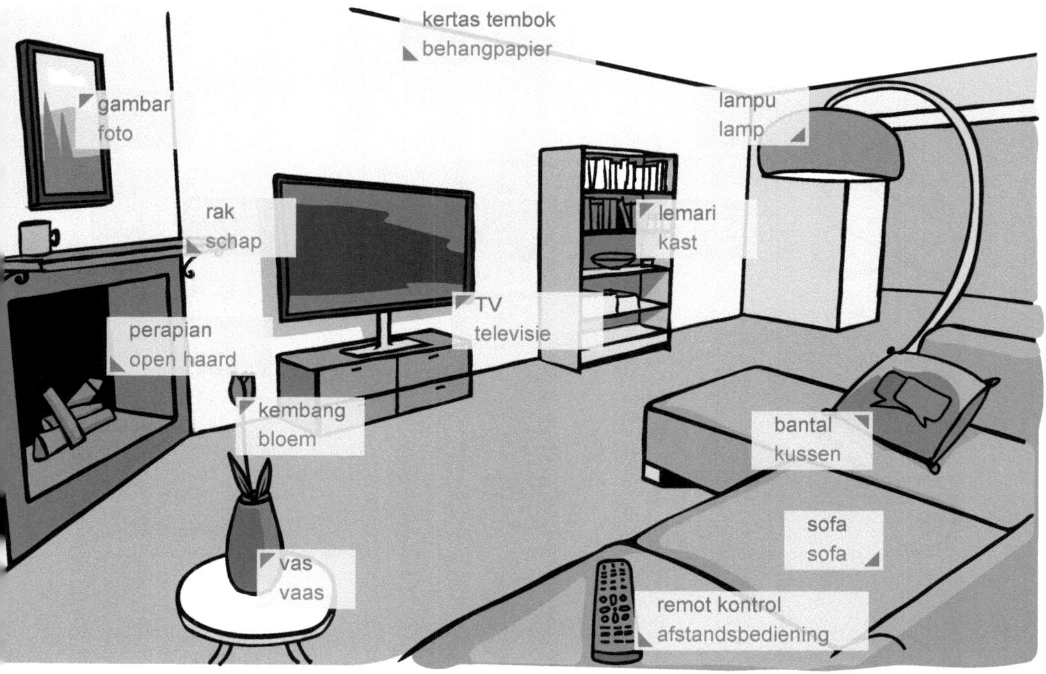

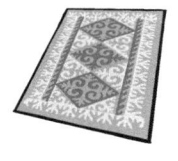

karpet

mat

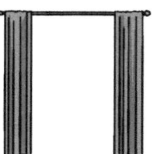

korden

gordijn

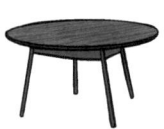

meja

tafel

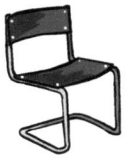

kursi

stoel

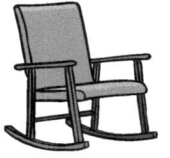

kursi goyang

schommelstoel

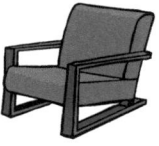

kursi tangan

fauteuil

buku

boek

selimut

deken

dekorasi

decoratie

kayu bakar

brandhout

film

film

hi-fi

stereo-installatie

kunci

sleutel

koran

krant

lukisan

schilderij

poster

poster

radio

radio

buku catetan

notitieboekje

penyedot lebut

stofzuiger

kaktus

cactus

lilin

kaars

pawon
keuken

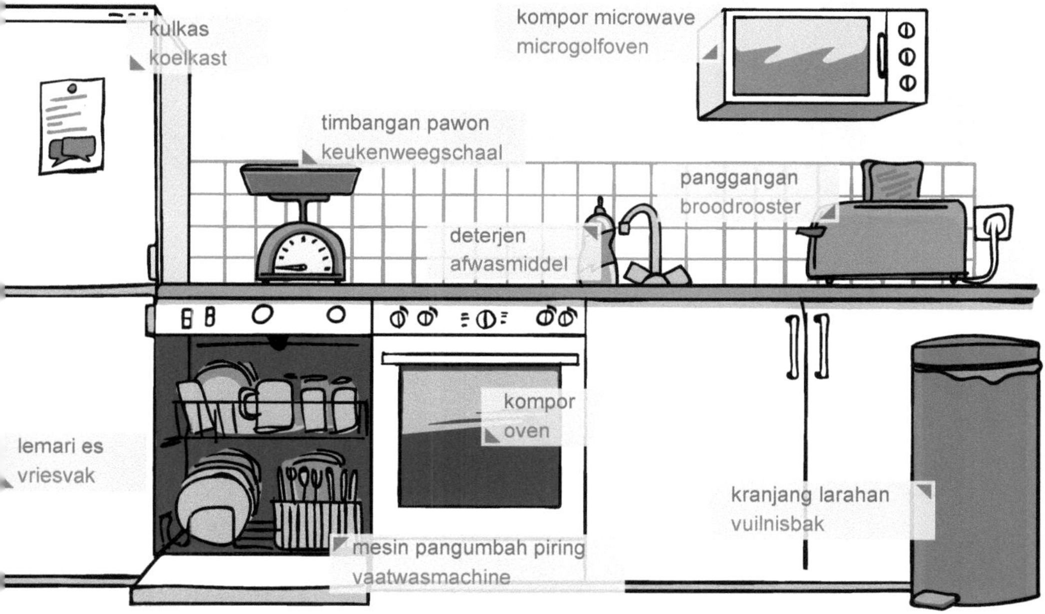

kulkas
koelkast
kompor microwave
microgolfoven
timbangan pawon
keukenweegschaal
panggangan
broodrooster
deterjen
afwasmiddel
kompor
oven
lemari es
vriesvak
kranjang larahan
vuilnisbak
mesin pangumbah piring
vaatwasmachine

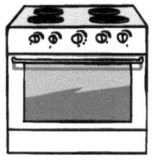

kompor
fornuis

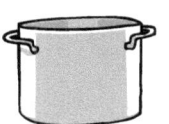

panci
pot

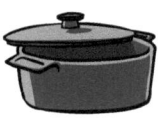

panci wesi
gietijzeren pot

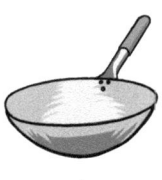

wajan
wok / kadai

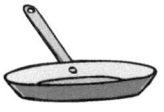

wajan
pan

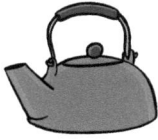

ceret
waterkoker

kukusan

stoomkoker

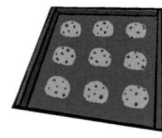

loyang

bakplaat

pecah belah

servies

mug

mok

mangkok

kom

sumpit

eetstokjes

irus

pollepel

solet

spatel

udeg

garde

ayakan

vergiet

saringan

zeef

parutan

rasp

lumpang

mortier

panggangan

barbecue

geni

haardvuur

telenan

snijplank

gilingan adonan

deegrol

kotrek

kurkentrekker

kaleng

blik

bukaan kaleng

blikopener

cempal

pannenlap

wastafel

gootsteen

sikat

borstel

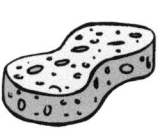

sepon

spons

blender

blender

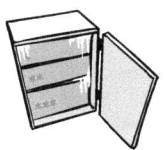

kulkas

vriezer

gendul bayi

papfles

kran

kraan

jedhing

badkamer

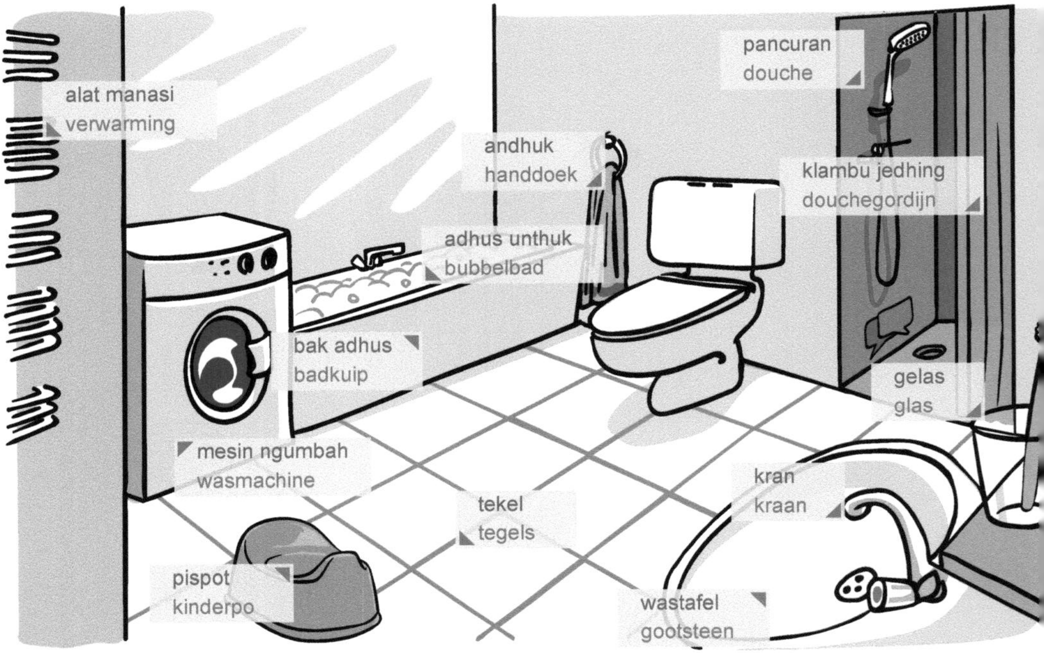

alat manasi
verwarming
pancuran
douche
andhuk
handdoek
klambu jedhing
douchegordijn
adhus unthuk
bubbelbad
bak adhus
badkuip
gelas
glas
mesin ngumbah
wasmachine
kran
kraan
tekel
tegels
pispot
kinderpo
wastafel
gootsteen

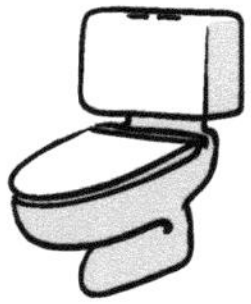

jamban
toilet

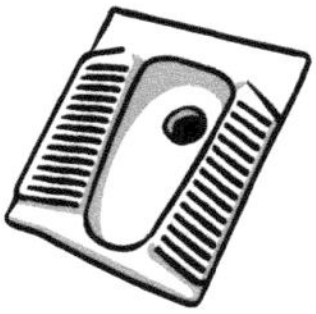

jamban dhodhok
hurktoilet

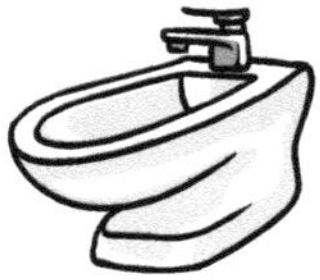

bidet
bidet

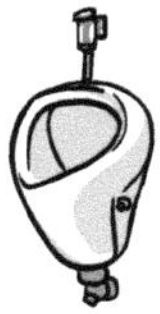

pissoir
urinoir

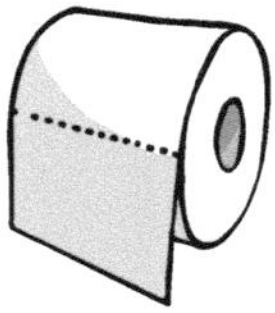

tisu jamban
toiletpapier

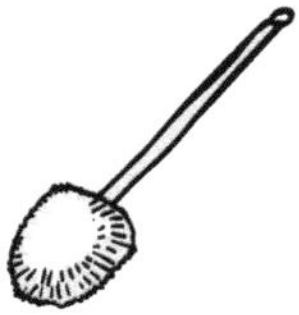

sikat jamban
toiletborstel

sikat untu

tandenborstel

odol

tandpasta

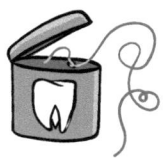

bolah untu

flosdraad

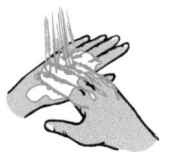

ngumbahi

wassen

gagang shower

handdouche

pancuran

bidethanddouche

baskom

waskom

sikat geger

rugborstel

sabun

zeep

gel pancuran

douchegel

sampo

shampoo

hem

washandje

nguras

afvoer

krim

crème

deodoran

deodorant

pangilon

spiegel

koco tangan

handspiegel

silet

scheermes

umpluk cukur

scheerschuim

aftershave

aftershave

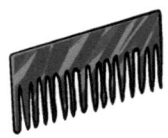

jungkat

kam

sikat untu

borstel

hairdryer

haardroger

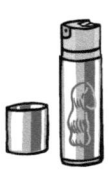

hairspray

haarlak

dandanan

make-up

gincu

lippenstift

kuteks

nagellak

kapas

watten

gunting kuku

nagelknipper

parfum

parfum

kantong adhus

toilettas

dingklik

kruk

timbangan

weegschaal

bah kanggo sawise adhus

badjas

sarung karet

latex handschoenen

tampon

tampon

pembalut

maandverband

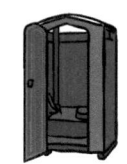

jamban nganggo bahan kimia

chemisch toilet

kamar anak
kinderkamer

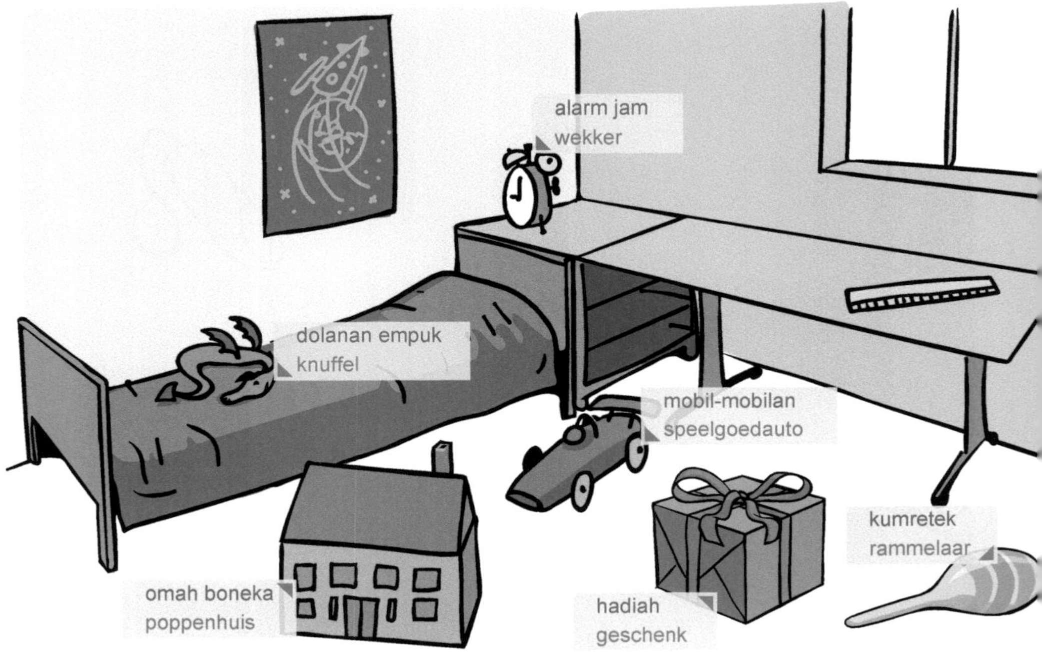

alarm jam
wekker
dolanan empuk
knuffel
mobil-mobilan
speelgoedauto
kumretek
rammelaar
omah boneka
poppenhuis
hadiah
geschenk

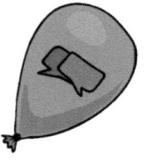

balon

ballon

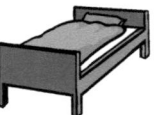

dipan

bed

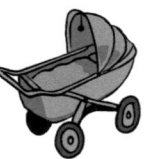

kreto bayi

kinderwagen

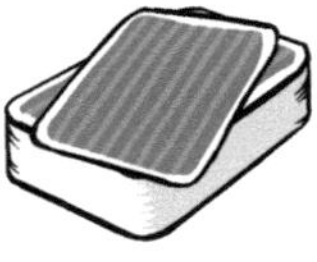

meja kertu

spel kaarten

teka-teki

puzzel

SUPER MEGA

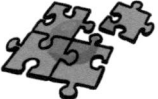

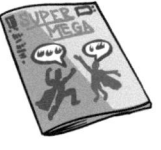

komik

stripboek

bata lego

legoblokjes

balok dolanan

blokken

boneka aksi

actiefiguur

klambi bayi

kruippakje

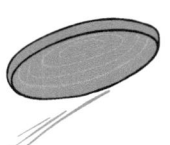

frisbee

frisbee

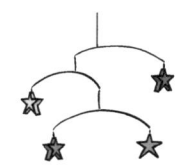

dolanan gantungan

mobiel

dolanan meja

bordspel

dadu

dobbelsteen

sepur dolanan

modelspoorweg

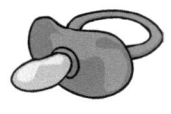

dot

fopspeen

pesta

feest

buku gambar

prentenboek

bal

bal

boneka

pop

dolanan

spelen

panggon dolanan pasir

zandbak

ayunan

schommel

dolanan

speelgoed

konsol video game

spelconsole

sepeda roda telu

driewieler

beruang teddy

knuffelbeer

lemari sandhangan

kleerkast

klambi
kleding

kaos kaki

sokken

stoking

kousen

kathok singset

maillot

slendang
sjaal

payung
paraplu

kaos oblong
T-shirt

sabuk
riem

sepatu bot
laarzen

slop
slippers

sepatu kets
sneakers

sandal
sandalen

sepatu
schoenen

sepatu bot karet
rubberlaarzen

sempak
onderbroek

kutang
beha

rompi
onderhemd

awak

lichaam

kathok

broek

kathok jins

jeans

rok

rok

blus

blouse

klambi

hemd

jaket nganggo kudung

trui

sweter

capuchontrui

blezer

blazer

jaket

jas

mantel

jas

jas udan

regenjas

kostum

kostuum

gaun

jurk

gaun manten

trouwjurk

setelan

pak

klambi kanggo turu

nachthemd

piyama

pyjama

kain sari

sari

kudung

hoofddoek

serban

tulband

cadar

boerka

kaftan

kaftan

abaya

abaya

klambi kanggo nglangi

badpak

kathok renang

zwembroek

kathok cekak

short

klambi trening

trainingspak

celemek

schort

sarung tangan

handschoenen

klambi - kleding

47

benik

knoop

kacamata

bril

gelang

armband

kalung

ketting

ali-ali

ring

anting-anting

oorbel

peci

pet

gantungan mantel

kapstok

topi

hoed

dasi

das

slerekan

rits

helem

helm

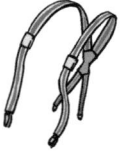

bretel

bretellen

sragam sekolah

schooluniform

sragam

uniform

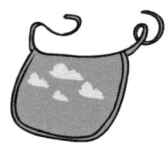

oto

slabbetje

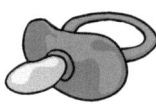

dot

fopspeen

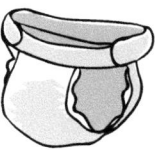

popok

luier

kantor

kantoor

server
server
lemari arsip
dossierkast
printer
printer
dluwang
papier
monitor
monitor
meja
bureau
mouse
muis
folder
map
papan tombol
toestenbord
kranjang larahan
papiermand
kursi
stoel
komputer
computer

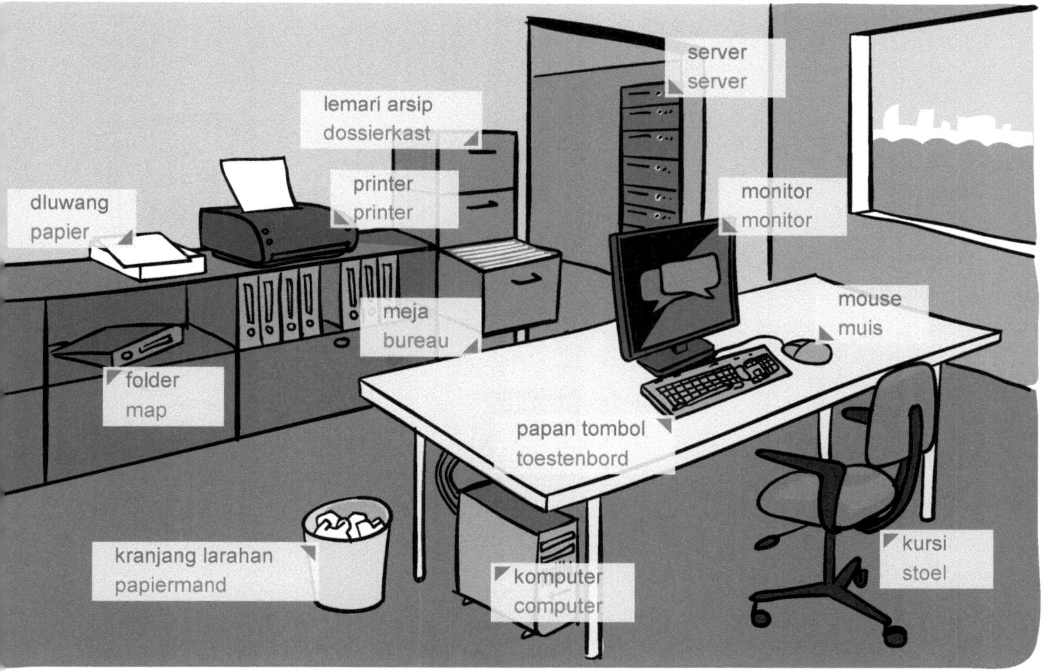

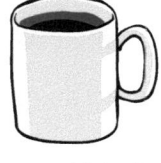

cangkir kopi

koffiemok

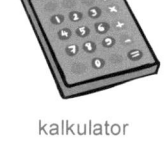

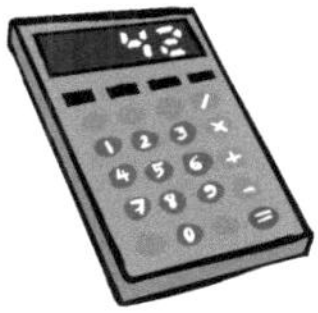

kalkulator

rekenmachine

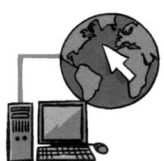

internet

internet

laptop
laptop

surat
brief

pesen
bericht

HP
gsm

jaringan
netwerk

mesin fotokopi
kopieerapparaat

software
software

telpon
telefoon

colokan
stopcontact

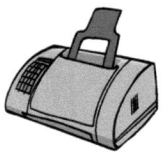

mesin faksimili
fax

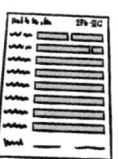

blangko
formulier

dokumen
document

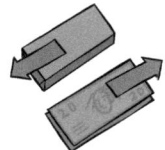

tuku

kopen

mbayar

betalen

bebakulan

handelen

duit

geld

dolar

dollar

euro

euro

yen

yen

rubel

roebel

franc Swiss

Zwitserse frank

yuan renminbi

Chinese renminbi

rupe

roepie

cash point

geldautomaat

kantor pertukaran duit
mancanegara
....
wisselkantoor

emas
....
goud

perak
....
zilver

minyak
....
olie

energi
....
energie

rego
....
prijs

kontrak
....
contract

pajek
....
belasting

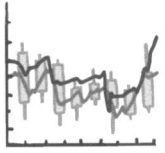

saham
....
aandeel

kerjo
....
werken

pegawe
....
werknemer

juragan
....
werkgever

pabrik
....
fabriek

toko
....
winkel

gawean
beroepen

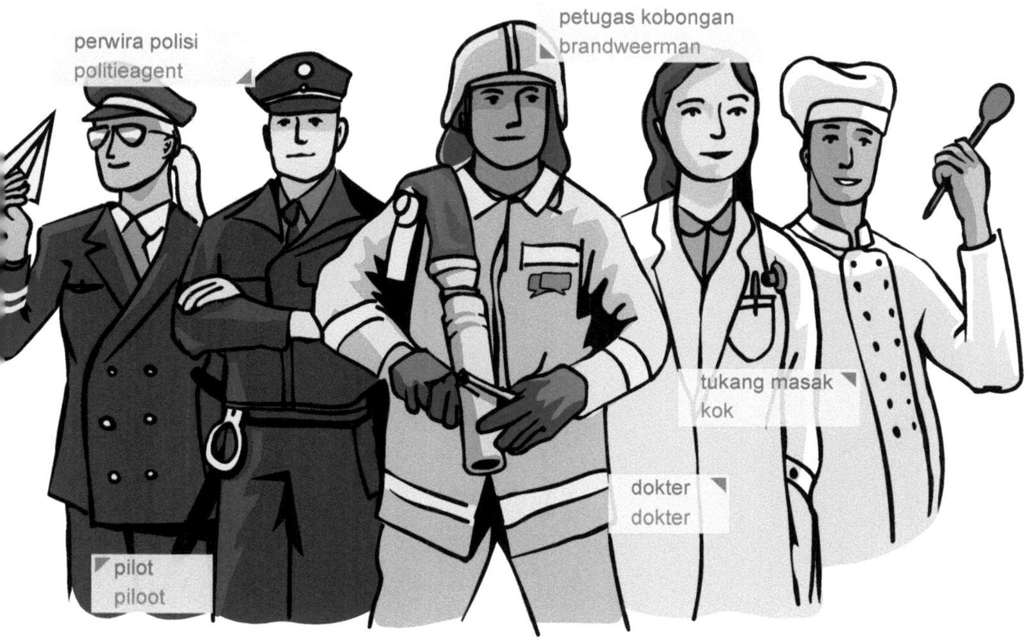

perwira polisi
politieagent
petugas kobongan
brandweerman
tukang masak
kok
dokter
dokter
pilot
piloot

tukang kebon

tuinman

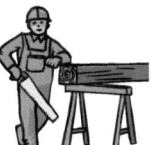

tukang kayu

timmerman

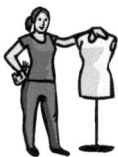

tukang jahit

naaister

hakim

rechter

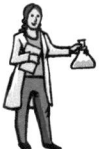

ahli kimia

chemicus

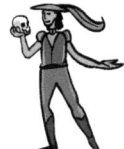

aktor

acteur

sopir bis

buschauffeur

sopir taksi

taxichauffeur

nelayan

visser

tukang reresik

schoonmaakster

tukang pasang gendheng

dakdekker

laden

ober

pamburu

jager

pelukis

schilder

tukang roti

bakker

tukang listrik

elektricien

tukang mbangun

bouwvakker

insinyur

ingenieur

jagal

slager

tukang ledeng

loodgieter

tukang pos

postbode

tentara

soldaat

arsitek

architect

kasir

kassier

bakul kembang

bloemist

juru rambut

kapper

kondektur

conducteur

mekanik

mecanicien

kapten

kapitein

dokter untu

tandarts

ilmuwan

wetenschapper

rabbi

rabbijn

imam

imam

biksu

monnik

pandhita

geestelijke

alat

werktuigen

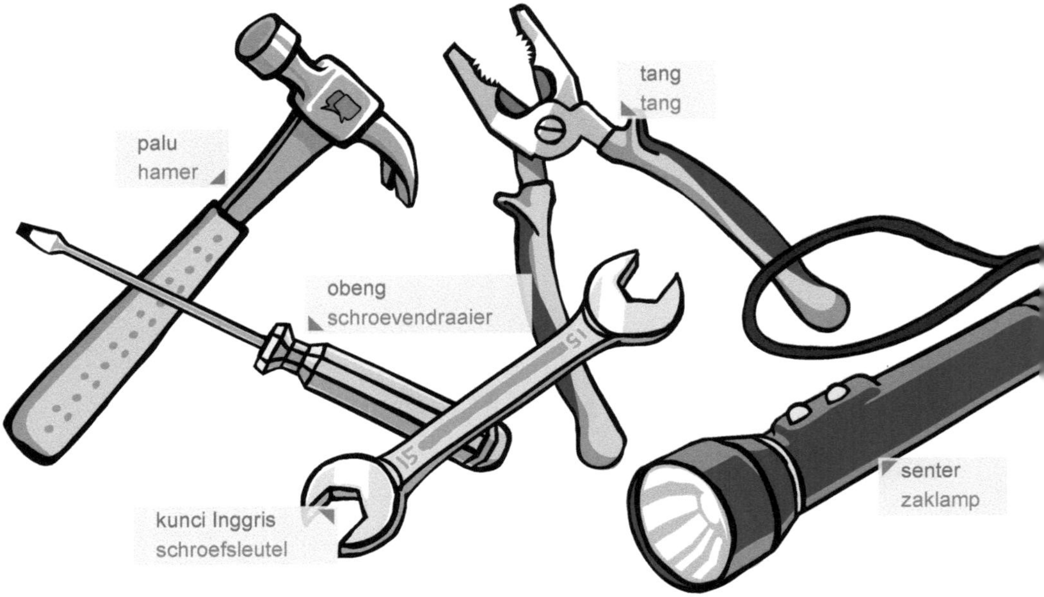
palu
hamer
tang
tang
obeng
schroevendraaier
kunci Inggris
schroefsleutel
senter
zaklamp

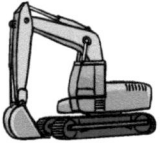

mesin kerukan

graafmachine

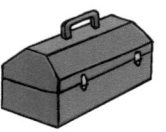

wadah perkakas

gereedschapskoffer

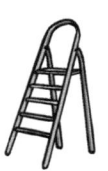

andha

ladder

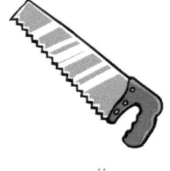

graji

zaag

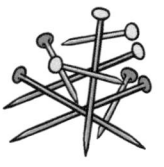

paku

spijkers

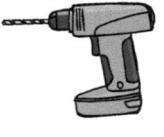

bur

boormachine

ndandani

repareren

serok

blik

sekop

schop

kaleng cat

verfpot

Bajigur!

Verdomme!

sekrup

schroeven

alat musik

muziekinstrumenten

speker
luidspreker

sak set tambur
drumstel

gitar
gitaar

bass dobel
contrabas

trompet
trompet

piano
piano

biola
viool

bass
basgitaar

timpani
pauk

tambur
trommels

keyboard
keyboard

saksofon
saxofoon

suling
fluit

mikropon
microfoon

macan tutul
tijger

lawang mlebu
ingang

kandang
kooi

sebra
zebra

pakanan kewan
diereneten

panda
panda

kewan

dieren

gajah

olifant

kanguru

kangoeroe

badak

neushoorn

gorila

gorilla

beruang

beer

unta
kameel

manuk unta
struisvogel

singa
leeuw

kethek
aap

flamingo
flamingo

bethet
papegaai

beruang kutub
ijsbeer

pinguin
pinguïn

hiu
haai

merak
pauw

ula
slang

baya
krokodil

juru kunci kebon kewan
dierenverzorger

singa segara
zeehond

jaguar
jaguar

jaran poni

pony

macan tutul

luipaard

kuda nil

nijlpaard

jrapah

giraffe

garudha

adelaar

celeng

wild zwijn

iwak

vis

bulus

zeeschildpad

walrus

walrus

rubah

vos

kidang

gazelle

bal-balan Amerika
rugby

sepedahan
wielrennen

tenis
tennis

basket
basketbal

nglangi
zwemmen

tinju
boksen

hoki es
ijshockey

bal-balan
voetbal

badminton
badminton

atletik
atletiek

bal tangan
handbal

ski
skiën

polo
polo

kegiatan
activiteiten

ngguyu
lachen
mencolot
springen
ngrangkul
knuffelen
mlaku
wandelen
nembang
zingen
ngimpi
dromen
ndonga
bidden
ngambung
kussen

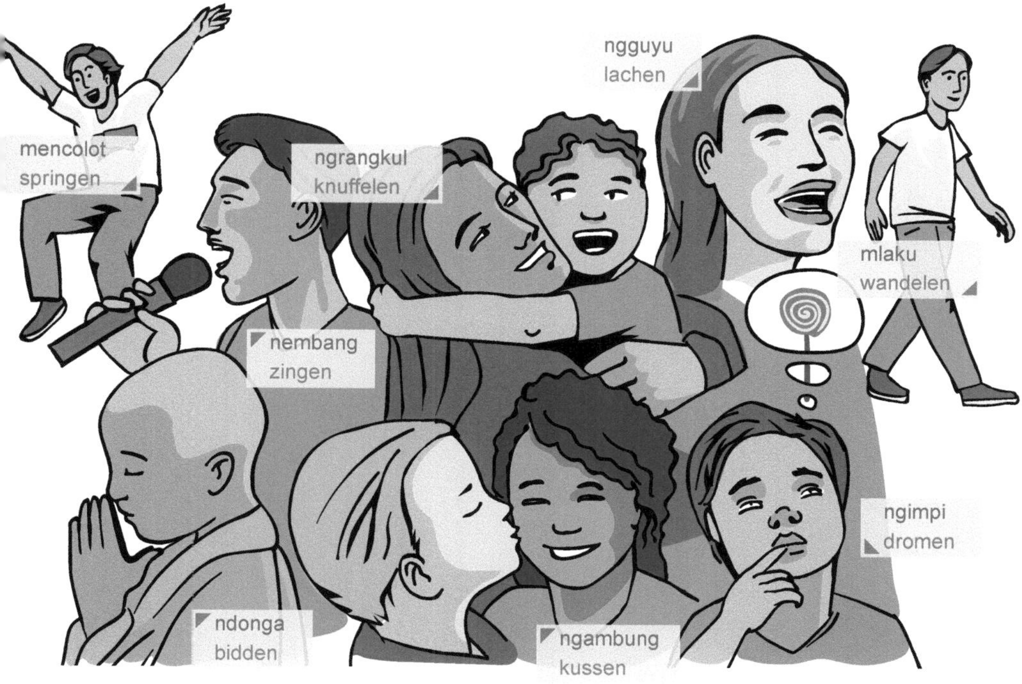

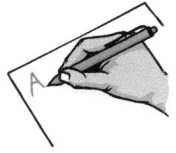

nulis

schrijven

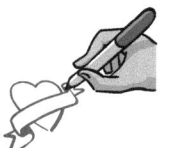

nggambar

tekenen

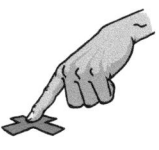

nuduhake

tonen

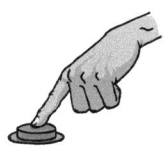

mencet

duwen

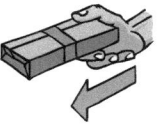

menehi

geven

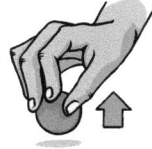

njupuk

nemen

duweni
hebben

nindakake
doen

yaiku
zijn

ngadek
staan

mlayu
lopen

narik
trekken

nguncalake
gooien

tiba
vallen

ngapusi
liggen

ngenteni
wachten

nggawa
dragen

lungguh
zitten

klamben
aankleden

turu
slapen

tangi
ontwaken

ndheleng

kijken naar

nangis

wenen

ngelus

aaien

njungkati

kammen

ngomong

praten

mangerteni

begrijpen

takon

vragen

ngrungoake

luisteren

ngombe

drinken

mangan

eten

ngrapiake

opruimen

nrisnani

houden van

masak

koken

nyopir

rijden

mabur

vliegen

nglayar

zeilen

itung

rekenen

maca

Lezen

sinau

leren

kerjo

werken

ngrabi

trouwen

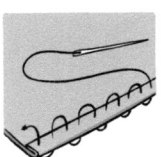

njahit

naaien

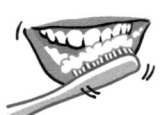

nyikat untu

tandenpoetsen

mateni

doden

ngrokok

roken

ngirim

sturen

keluarga
familie

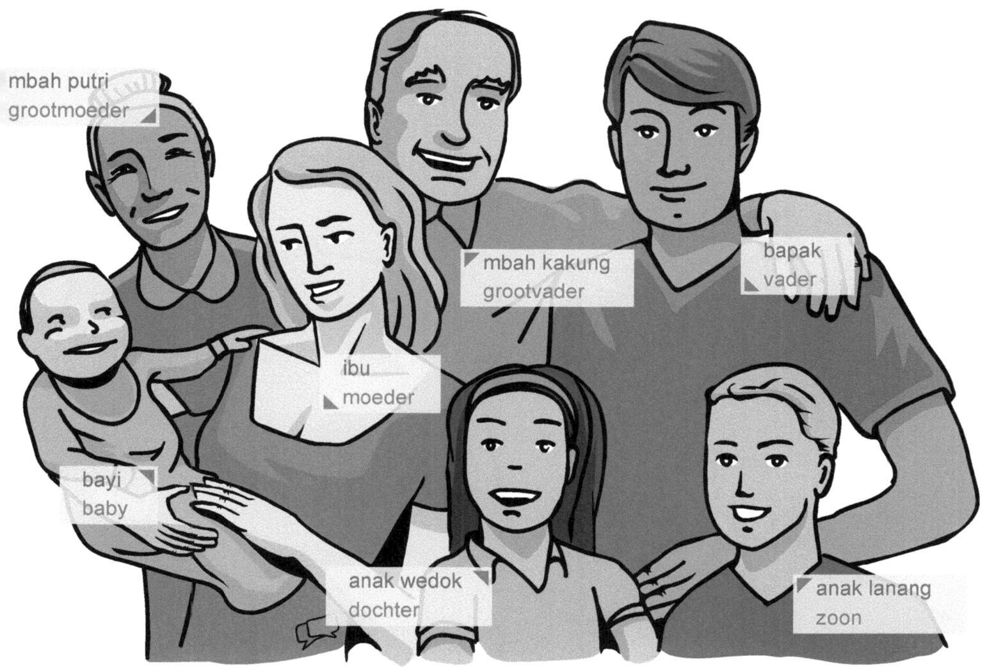
mbah putri
grootmoeder
mbah kakung
grootvader
bapak
vader
ibu
moeder
bayi
baby
anak wedok
dochter
anak lanang
zoon

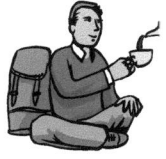

tamu

gast

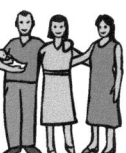

bu lik

tante

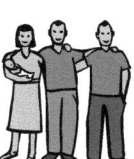

pak lik

oom

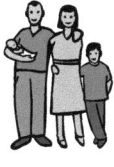

dulur lanang

broer

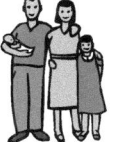

dulur wadon

zus

awak
lichaam

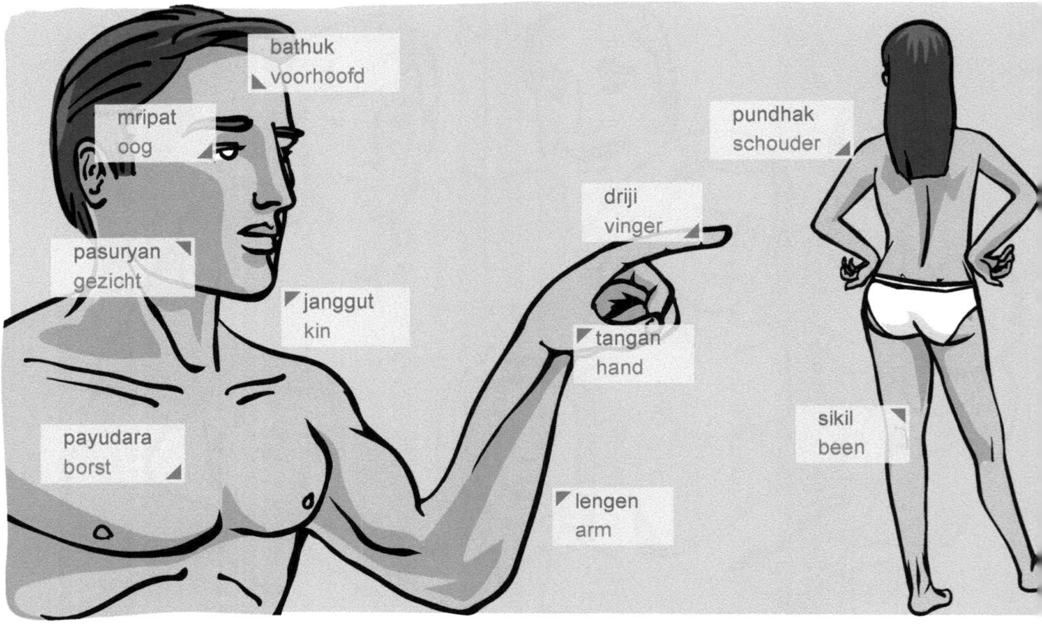

bathuk
voorhoofd

mripat
oog

pundhak
schouder

driji
vinger

pasuryan
gezicht

janggut
kin

tangan
hand

sikil
been

payudara
borst

lengen
arm

bayi
baby

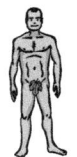

lanang
man

wadon
vrouw

bocah wadon
meisje

bocah lanang
jongen

sirah
hoofd

geger

rug

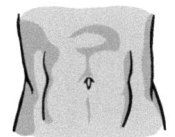

weteng

buik

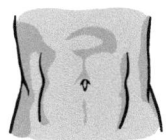

puser

navel

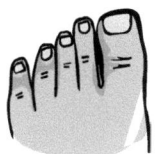

driji sikil

teen

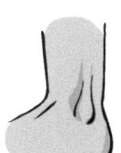

tungkak

hiel

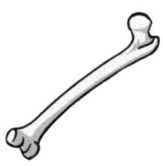

balung

bot

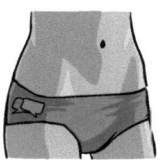

panggul

heup

dengkul

knie

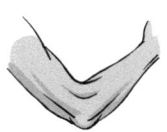

sikut

elleboog

irung

neus

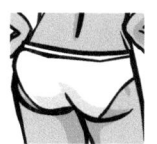

bokong

zitvlak

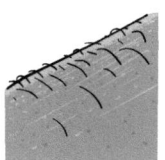

kulit

huid

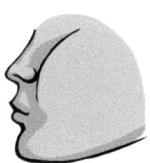

pipi

wang

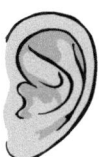

kuping

oor

lambe

lip

lisan

mond

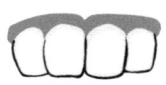

untu

tand

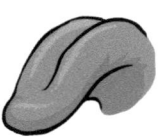

ilat

tong

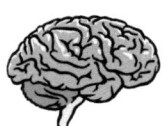

uteg

hersenen

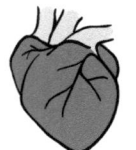

jantung

hart

otot

spier

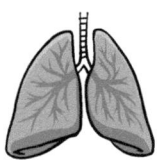

paru

long

ati

lever

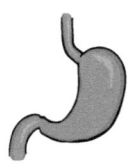

garba

maag

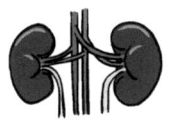

ginjel

nieren

sanggama

seks

kondom

condoom

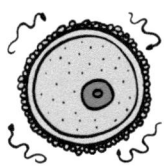

ovum

eicel

mani

sperma

mbobot

zwangerschap

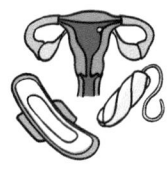

haid

menstruatie

vagina

vagina

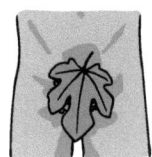

zakar

penis

alis

wenkbrauw

rambut

haar

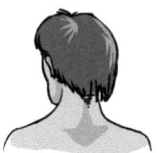

gulu

nek

griya sakit
ziekenhuis

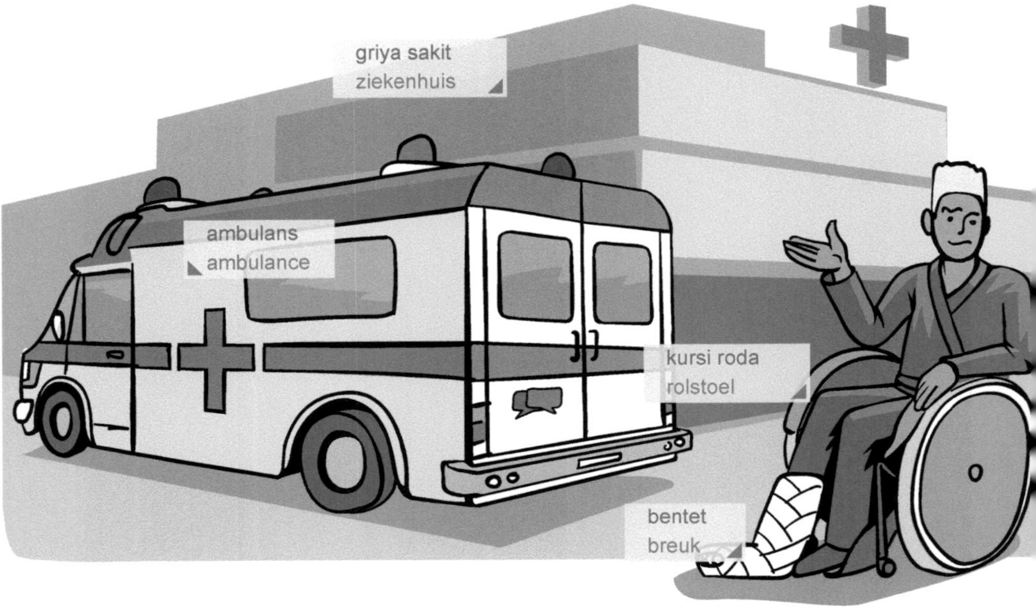

griya sakit
ziekenhuis
ambulans
ambulance
kursi roda
rolstoel
bentet
breuk

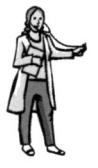

dokter

dokter

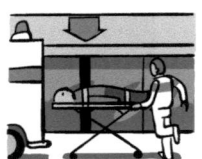

kamar gawat darurat

spoed

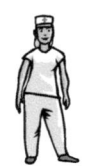

perawat

verpleegkundige

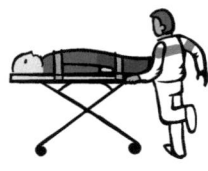

dharurat

noodgeval

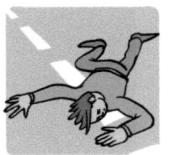

ora sadar

bewusteloos

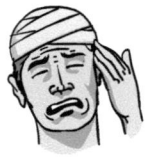

linu

pijn

tatu
....
verwonding

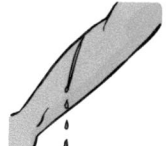

getihen
....
bloeding

serangan jantung
....
hartaanval

setruk
....
beroerte

alergi
....
allergie

watuk
....
hoest

ngelu
....
koorts

pilek
....
griep

diare
....
diarree

mumet
....
hoofdpijn

kanker
....
kanker

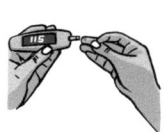

diabetes
....
diabetes

ahli bedah
....
chirurg

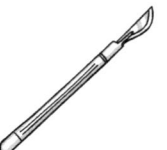

lading bedah
....
scalpel

operasi
....
operatie

CT
CT

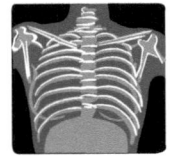

sinar x
röntgenstraal

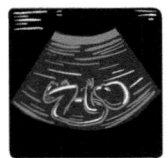

USG
ultrageluid

masker
gezichtsmasker

penyakit
ziekte

kamar nunggu
wachtkamer

pitulung
kruk

perban
pleister

perban
verband

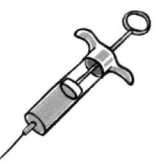

suntik
injectie

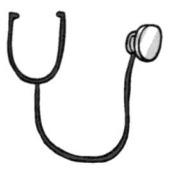

stetoskop
stethoscoop

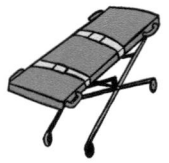

tandu
brancard

termometer klinik
thermometer

lair
geboorte

kalemon
overgewicht

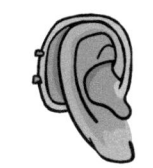

alat bantu dengar
hoorapparaat

disinfektan
ontsmettingsmiddel

infeksi
infectie

virus
virus

HIV/AIDS
HIV / AIDS

obat
medicijn

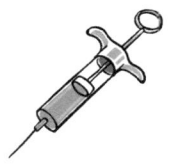

vaksinasi
vaccinatie

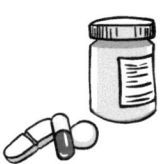

tablet
tabletten

pil
pil

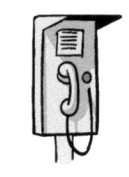

nomer telpon darurat
noodoproep

ngukur tensi getih
bloeddrukmeter

lara / waras
ziek / gezond

Tulung!

Help!

sergap

overval

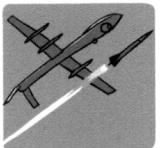

serangan

aanval

bebaya

gevaar

lawang metu dharurat

nooduitgang

Kobongan!

Brand!

alat mateni geni

brandblusser

alarem

alarm

kacilakan

ongeval

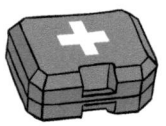

pitulungan wiwitan

EHBO-kit

SOS

SOS

polisi

politie

Eropa

Europa

Amerika Lor

Noord-Amerika

Amerika Kidul

Zuid-Amerika

Afrika

Afrika

Asia

Azië

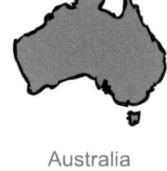

Australia

Australië

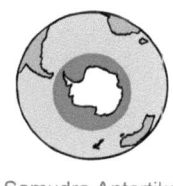

Atlantik

Atlantische Oceaan

Pasifik

Stille Oceaan

Samudra Hindia

Indische Oceaan

Samudra Antartika

Antarctische Oceaan

Samudra Arktik

Arctische Oceaan

Kutub Lor

Noordpool

Kutup Kidul

Zuidpool

Antarktika

Antarctica

bumi

aarde

daratan

land

segara

zee

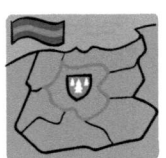

pulau

eiland

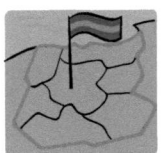

bangsa

natie

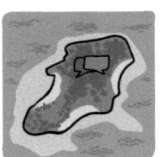

negara

staat

layar jam

wijzerplaat

dom jam

uurwijzer

dom menit

minuutwijzer

dom detik

secondewijzer

Jam piro saiki?

Hoe laat is het?

dina

dag

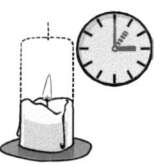

wektu

tijd

saiki

nu

jam digital

digitale horloge

menit

minuut

jam

uur

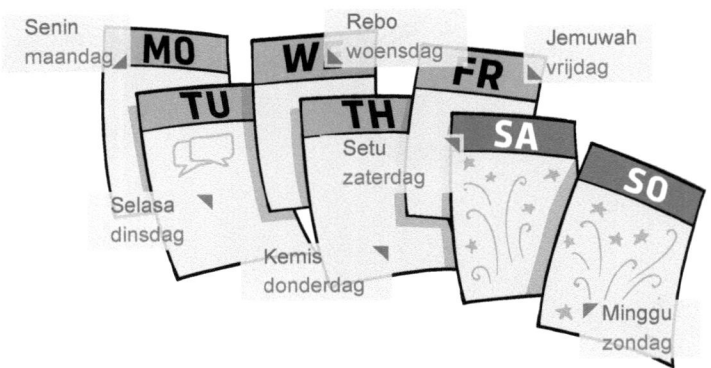

Senin / maandag — MO
Selasa / dinsdag — TU
Rebo / woensdag — W
Kemis / donderdag — TH
Jemuwah / vrijdag — FR
Setu / zaterdag — SA
Minggu / zondag — SO

wingi

gisteren

saiki

vandaag

sesuk

morgen

esuk

ochtend

awan

middag

bengi

avond

MO	TU	WE	TH	FR	SA	SU
1	2	3	4	5	6	7
8	9	10	11	12	13	14
15	16	17	18	19	20	21
22	23	24	25	26	27	28
29	30	31	1	2	3	4

dina kerja

werkdagen

MO	TU	WE	TH	FR	SA	SU
1	2	3	4	5	6	7
8	9	10	11	12	13	14
15	16	17	18	19	20	21
22	23	24	25	26	27	28
29	30	31	1	2	3	4

akhir minggu

weekend

udan es
regen

kluwung
regenboog

salju
sneeuw

angin
wind

musim semi
lente

mangsa gugur
herfst

musim ketigo
zomer

mangsa adem
winter

4.APRIL	11°	☀
5.APRIL	4°	☁
6.APRIL	13°	☂
7.APRIL	8°	☀
8.APRIL	10°	☀

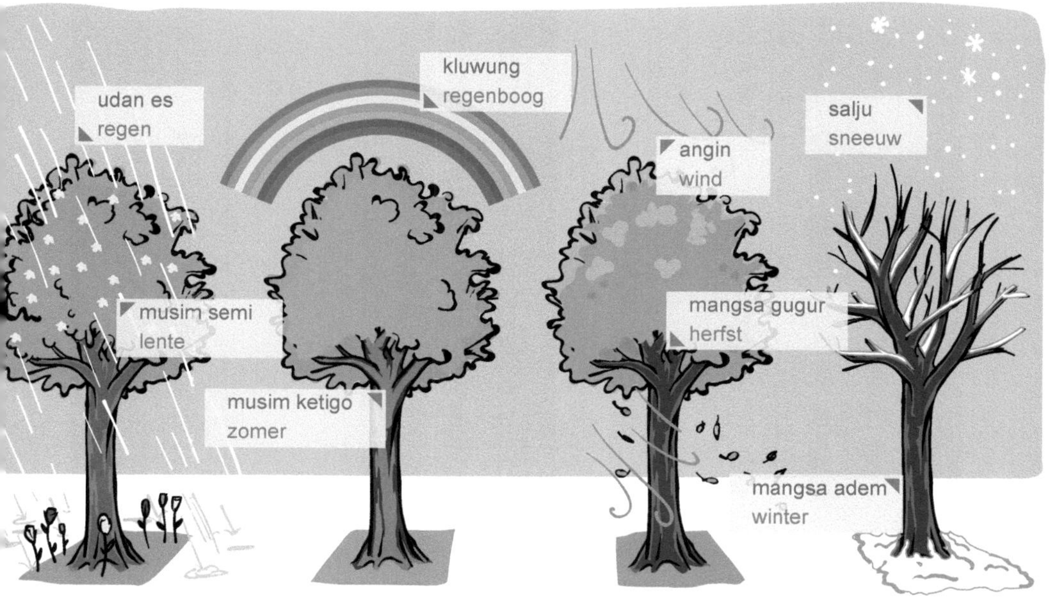

ramalan cuaca

weervoorspelling

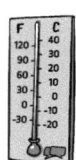

termometer

thermometer

srengenge

zonneschijn

mendhung

wolk

kabut

mist

kelembapan

vochtigheid

kilat

bliksem

bledheg

donder

badai

storm

udan es

hagel

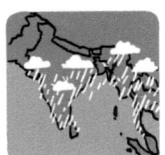

muson

moesson

banjir

overstroming

es

ijs

Januari

januari

Februari

februari

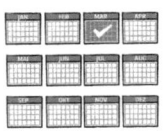

Maret

maart

April

april

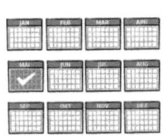

Mei

mei

Juni

juni

Juli

juli

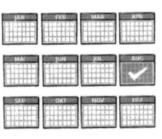

Agustus

augustus

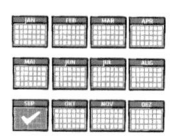

September
september

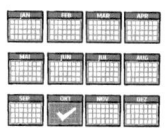

Oktober
oktober

Nopember
november

Desember
december

wangun
vormen

bunder
cirkel

kuadrat
kwadraat

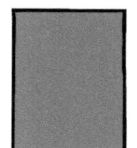

segi papat
rechthoek

segi telu
driehoek

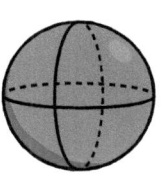

bal
bol

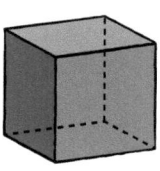

kubus
kubus

putih
....
wit

kuning
....
geel

oranye
....
oranje

jambon
....
roze

abang
....
rood

ungu
....
paars

biru
....
blauw

ijo
....
groen

coklat
....
bruin

abu-abu
....
grijs

ireng
....
zwart

akeh / sithik

veel / weinig

nesu / kalem

boos / kalm

ayu / elek

mooi / lelijk

pawitan / pungkasan

begin / einde

çede / cilik

groot / klein

padhang / peteng

licht / donker

sedulur lanang / seculur wadon

broer / zus

resik / reged

proper / vuil

pepak / ora pepak

volledig / onvolledig

awan / bengi

dag / nacht

mati / urip

dood / levend

jembar / sempit

breed / smal

iso dipangan / ora iso dipangan

eetbaar / oneetbaar

ala / becik

kwaadaardig / vriendelijk

seneng / bosen

opgewonden / verveeld

lemu / kuru

dik / dun

pisanan / pungkasan

eerst / laatst

kanca / musuh

vriend / vijand

kebak / kosong

vol / leeg

atos / empuk

hard / zacht

abot / enteng

zwaar / licht

luwe / wareg

honger / dorst

lara / waras

ziek / gezond

illegal / legal

illegaal / legaal

pinter / bodo

intelligent / dom

kiwa / tengen

links / rechts

cedhak / adoh

dichtbij / veraf

anyar / lawas

nieuw / gebruikt

ora ana / ana

niets / iets

tuwa / enom

oud / jong

urip / mati

aan / uit

buka / tutup

open / dicht

anteng / rame

stil / luid

sugeh / mlarat

rijk / arm

bener / salah

juist / fout

kasar / alus

ruw / glad

susah / seneng

droevig / blij

cendhak / dawa

kort / lang

alon / banter

traag / snel

teles / garing

nat / droog

anget / adem

warm / koud

perang / tentrem

oorlog / vrede

kontras - tegengestelden

0

nol
....
nul

1

siji
....
één

2

loro
....
twee

3

telu
....
drie

4

papat
....
vier

5

limo
....
vijf

6

enem
....
zes

7

pitu
....
zeven

8

wolu
....
acht

9

songo
....
negen

10

sepuluh
....
tien

11

sewelas
....
elf

12
rolas
twaalf

13
telulas
dertien

14
patbelas
veertien

15
limolas
vijftien

16
nembelas
zestien

17
pitulas
zeventien

18
wolulas
achtien

19
songolas
negentien

20
rong puluh
twintig

100
satus
honderd

1.000
sewu
duizend

1.000.000
sak yuto
miljoen

basa Inggris

Engels

basa Inggris Amerika

Amerikaans Engels

basa Cina Mandarin

Chinees (Mandarijn)

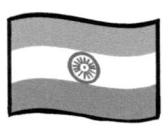

basa Hindi

Hindi

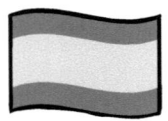

basa Spanyol

Spaans

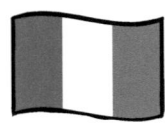

basa Prancis

Frans

basa Arab

Arabisch

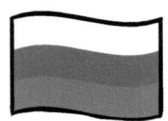

basa Rusia

Russisch

basa Portugis

Portugees

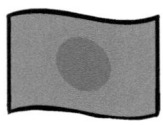

basa Bengali

Bengali

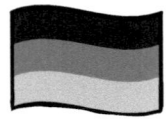

basa Jerman

Duits

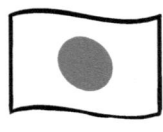

basa Jepang

Japans

aku

ik

kowe

u

dheweke

hij / zij / het

kita

wij

kowe kabeh

u

dheweke kabeh

ze

sapa?

wie?

apa?

wat?

piye?

hoe?

neng endi?

waar?

kapan?

wanneer?

jeneng

naam

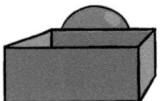

mburi
....
achter

ing jero
....
in

ing ngarep
....
voor

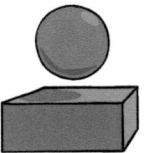

ing dhuwure
....
boven

ing
....
op

ing ngisore
....
onder

sisih
....
naast

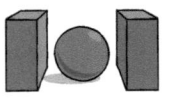

antarane
....
tussen

panggonan
....
plaats